TABLEAUX

ET

PEINTURES A LA CIRE, AQUARELLES

ET

DESSINS

PAR

HIP. LAZERGES

CATALOGUE

DE

10 TABLEAUX

SUJETS ARABES

Peintures à la cire sous verre, Aquarelles

ET

DESSINS

PAR

Hip. LAZERGES

DONT LA VENTE AURA LIEU

HOTEL DROUOT, SALLE N° 1

Le Lundi 13 Mars 1876,

A TROIS HEURES.

COMMISSAIRE-PRISEUR,
Me CHARLES PILLET,
10, rue de la Grange-Batelière.

EXPERT,
M. FÉRAL, PEINTRE,
54, rue du Faubourg-Montmartre,

Chez lesquels se trouve le présent Catalogue.

EXPOSITIONS

PARTICULIÈRE : LE SAMEDI 11 MARS 1876,

PUBLIQUE : LE DIMANCHE 12 MARS 1876,

De une heure à cinq heures.

CONDITIONS DE LA VENTE

Elle sera faite au comptant.

Les adjudicataires payeront *cinq pour cent* en sus des enchères.

Paris. — Impr. Pillet fils aîné, rue des Grands Augustins, 5.

Photographié par GODET — 6 & 8, rue Gambetta, Paris.

DÉSIGNATION

TABLEAUX

1 — Café arabe.

Maure chantant en s'accompagnant de la mandoline, et jeune garçon jouant du tambourin.

Bois. Haut., 42 cent.; larg , 60 cent.

2 — Jeune Maure jouant de la mandoline.

Bois. Haut., 45 cent.;33 larg., cent.

3 — Porteur d'eau.

Biscri, ou homme de l'oasis de Biscra. — Cette tribu fournit les porteurs d'eau et les commissionnaires.

Bois. Haut., 60 cent.; larg., 44 cent.

4 — Mozabite causant avec une mauresque qui se montre à la petite fenêtre de sa maison.

Bois. Haut., 50 cent.; larg., 31 cent.

5 — Femme kabyle et son enfant.

Diseuse de bonne aventure dans une rue d'Alger.

Bois. Haut., 63 cent.; larg., 44 cent.

Femme Fatma et son enfant

6 — Jeune Berger jouant de la flûte.

Effet du matin.

Bois. Haut., 50 cent.; larg., 31 cent.

7 — Route des Oliviers allant d'Alger au jardin.

Bois. Haut., 48 cent.; larg., 65 cent.

8 — Café des Platanes (Alger).

Situé près du Jardin d'essai.

Bois. Haut., 61 cent.; larg., 44 cent.

9 — Aveugle mendiant conduit par un enfant.

Tribu des Kabyles.

Bois. Haut., 60 cent.; larg., 40 cent.

10 — Arabe en route.

Il chante un de ces airs, dont le rythme est fait pour la marche.

Bois. Haut., 46 cent.; larg., 33 cent.

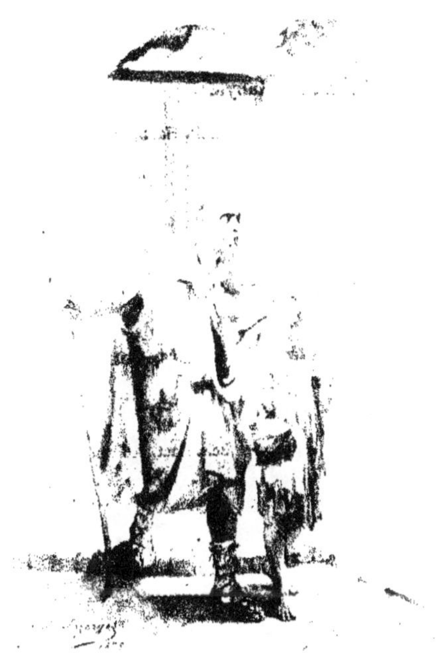

Photographié par GODET — 6 & 8, rue Cameron, Paris.

PEINTURES A LA CIRE

SOUS VERRE

11 — Enlèvement de Psyché.

Haut., 20 cent.; larg., 25 cent.

12 — La Vierge et l'enfant Jésus.

Peinture à l'huile sans verre.

Haut., 30 cent.; larg., 20 cent.

13 — Jésus et la Samaritaine.

Haut., 32 cent.; larg., 22 cent.

AQUARELLES

14 — Jeune Kabyle en route.

Haut., 38 cent.; larg., 25 cent.

15 — Jeune Kabyle (aux oranges).

Haut., 27 cent.; larg., 17 cent.

16 — Kabyle appuyé sur son bâton.

Haut., 28 cent.; larg., 20 cent.

17 — Femme mauresque accroupie au pied d'un
tombeau.

Haut , 22 cent.; larg., 17 cent.

18 — Jeune Maure jouant de la flûte.

Haut., 26 cent.; larg., 18 cent.

DESSINS

19 — Étude dessinée pour une Suzanne au bain.

Tableau déjà exécuté.
Crayon noir et sanguine, rehaussés de blanc.

Haut., 28 cent.; larg., 21 cent.

20 — L'Évanouissement de la Vierge.

Crayon noir sur papier gris, rehaussé de blanc.

Haut., 30 cent.: larg., 21 cent.

21 — La Madeleine au pied de la Croix.

Crayon noir, rehaussé au pastel, sur papier gris.

Haut., 31 cent.; larg., 22 cent.